AF259406

LK 629.

NOTRE-DAME
D'AVÉNIÈRES.

Chaque peuple, chaque pays a ses traditions anciennes, ses pieuses et saintes légendes que, d'âge en âge, les générations se redisent et qu'on n'oublie jamais, parce que, petit enfant, on les a entendu raconter par la bouche la plus tendre et la plus persuasive, l'être le plus aimé et le plus aimable, par sa mère, et que tout ce qui se rattache, de près ou de loin, à la mémoire de celle qui fut tout amour et bonté pour nous demeure en notre âme comme le plus pur parfum au fond du calice des fleurs. Que les empires s'écroulent, que les trônes changent de maîtres, que les monuments qui rappellent la gloire d'un peuple disparaissent et couvrent les chemins de la poussière de leurs débris, une simple légende, redite au sein de la famille, sur le bord d'un berceau, traversera les siécles, toujours vivante et mystérieuse, dans le buisson d'épines, le tronc du Chêne, le creux du rocher où elle prit naissance et d'où tomba un jour l'eau salutaire qui guérit les lépreux, les malades et les infirmes. Devant la statuette qu'une main inconnue y suspendit dans le secret des ténèbres, le pèlerin s'agenouille en passant et dépose sur la pierre brute qui sert d'autel sa modeste offrande. Le concours des fidèles y augmentant, une chapelle s'y élève bientôt. Les pauvres, les premiers, l'entourent de leurs demeures; une bourgade se forme, et bientôt tout un peuple vit heureux et se réjouit là où naguères encore régnait la solitude et le silence du désert.

Quoi qu'on dise, l'esprit et le cœur de l'homme ont besoin de s'ouvrir aux croyances; elles sont nécessaires à notre humaine nature comme la rosée aux prairies, comme le soleil après la nuit sombre. Sans elles nulle poësie, nulle jouissance intellectuelle, point d'arts possibles. La vie n'est plus qu'un calcul pesant et affreux qui se traduit en cris de douleur et se résout en un funèbre et dernier chiffre..... néant.

Nos pères, avec leurs naïves et touchantes croyances, leur foi simple et candide, dont nous porte à rire notre prétention d'être des hommes forts et peu crédules, avaient une existence plus heureuse, plus réelle et plus vraie que la nôtre. Ils passaient de plus longues années sur la terre, ne se consumaient point à la hâte afin d'amasser trésors sur trésors et de tomber à la moitié de leur vie au grand plaisir d'héritiers qui ne leur en sauront tout juste gré que pour rougir de leur origine et vivre à leurs dépens en joyeux compères.

L'histoire le proclame assez haut, là où le peuple croit encore, ayant foi en la sollicitude et en la justice de Dieu, foi en l'enseignement des siècles et les traditions antiques, foi en lui-même et en sa destinée future, il est moins sombre, moins troublé, moins avide de perturbations sociales; il aime d'amour le pays qui l'a vu naître et verse des larmes lorsqu'il s'éloigne de la terre où reposent les ossements de ses aïeux. C'est aussi que les croyances sont les liens les plus solides et les plus doux de la famille et de la société. Si, comme l'a dit M. de Chateaubriant, l'exilé regrette sa patrie jusque dans l'aboiement accoutumé d'un chien pendant la nuit, la vue de son clocher entre les arbres, à plus forte raison l'image du sol natal se montrant à nous sous les traits de la religion, avec la mémoire des douces mœurs de nos compatriotes, sous l'aspect des joies et des souffrances de la famille, avec le souvenir d'une tombe au cimetière, d'une mère à genoux au pied d'un autel, est-elle plus capable d'émouvoir, d'attendrir, de faire aimer et regretter la patrie, cette terre unique où notre enfance goûta toutes ses joies, et qui renferme les objets de nos plus chères affections. Non, quelque part que le sort le transporte, le Mayennais sur la rive étrangère pleurera les bords chéris de la Mayenne et le ciel bien aimé de son pays, tantôt pur, tantôt orageux, ses belles et vertes campagnes, ses sites agrestes et l'hospitalière demeure de nos laboureurs sur le penchant d'un coteau ou dans la prairie, au milieu des bouquets de châtaigniers ou d'ormeaux. Sa pensée le reportera vers la cité, le village, le hameau, la chaumière qui lui donna naissance et dont il est fier d'être l'enfant, vers l'asile saint et vénéré où, depuis huit siècles, vont s'agenouiller toutes les douleurs, vers Notre-Dame d'Avénières où, tout petit enfant, il est venu apporter un cierge à la bonne Vierge pour obtenir, par sa protection, la guérison d'un père dont la maladie résistait à tous les remèdes de l'art; vers Notre-Dame d'Avénières où tant de nos bonnes et compatissantes Mayennaises sont allées, par groupes de neuf, exhaler leurs soupirs et leurs larmes pour un frère, une sœur, une amie en danger de mort; vers Notre-Dame d'Avénières où, à la menace d'une calamité publique, il a vu le peuple se porter en foule, implorant pour notre pays la miséricorde et la clémence du ciel.

Cette sainte église sera toujours chère aux Mayennais, tant à cause de son origine que par rapport à l'amour que nos aïeux lui ont toujours voué. On fait remonter sa fondation au onzième siècle, et voici à quelle occasion. Guy II (1) , seigneur de Laval, passait à cheval sur le vieux pont de cette ville; son cheval s'étant emporté par frayeur, le cavalier et sa monture tombèrent à la renverse dans la rivière. L'eau était très-grande alors et il ne pouvait guère espérer sortir vivant du courant rapide et profond de cette longue champagne; il se recommanda à Marie, la Vierge immaculée et la divine mère; sa confiance ne l'abandonna pas et, quoiqu'il ne sût pas nager il aborda en un champ d'*aveine*, duquel l'église et la commune d'Avénières (*Avena*) ont tiré leur nom. Son premier mouvement en touchant la terre fut de se jeter à genoux pour remercier le ciel de sa visible protection en un si grand péril. Ses regards en cet instant aperçoivent sur la fourchette d'un chêne une statuette de la Vierge autour de laquelle brillaient les lumières de plusieurs petites lampes. Pour témoigner sa reconnaissance envers celle qu'il regarde comme sa libératrice, Guy promet de bâtir en ce lieu une chapelle en son honneur. Il reprend à sa sœur *Uranie*, mariée à *Guérin de Saint-Berthevin*, le champ d'aveine qu'il lui avait *baillé en partage* et y fait édifier, sur le plan de l'église de Notre-Dame du Ronceray d'Angers, une chapelle où l'on porte triomphalement la statuette

(1) Guy II ou Geoffroy succéda à Hugues dans la Seigneurie de Laval. La Chronique de Sainte-Catherine porte qu'il épousa en premières noces Berthe, fille de Robert de Champagne, fils aîné de Eudes Ier comte de Champagne, de Blois et de Brie, laquelle avait été auparavant fiancée avec son frère Guy, qui mourut avant les épousailles. Il eut d'elle trois enfants, Hamon, Jean et Guy, ces deux derniers morts sans postérité. Il épousa en secondes noces N. de Vexin, de laquelle il eut un fils qui se fit moine à Marmoutiers. Il se maria en troisièmes noces à Rotrode du Mans, fille de Hugues, comte du Maine, et de Berthe, fille d'Eudes Ier, comte de Blois, qui lui donna sept enfants, Gauthier, Guy, Gervais, Hubert, Hildelinge, Agnès et Hildebulge. (BOURJOLLY).

de la Sainte-Vierge. Mais, si l'on en croit la tradition, elle n'y demeure pas long-temps : on la trouva, dès le lendemain matin, replacée sur la fourchette de son chêne. Cet étrange déplacement se renouvela plusieurs fois de suite, et l'on se vit obligé, pour conserver la vierge dans la chapelle, d'y apporter le tronc du chêne qu'elle s'était choisi pour piédestal et sur lequel elle est encore placée. (2)

On ne doit plus, après cela, s'étonner que Guy II ait doté cette église du revenu de plusieurs domaines ; mais il donna le tout à l'abbaye du Ronceray d'Angers, dont *Richilde*, parente de *Foulques Néra*, comte d'Anjou était la première abbesse et qui accepta, en 1040, le don au profit de ses Sœurs et de son abbaye, et y envoya une petite compagnie de religieuses, à la tête desquelles elle mit, en qualité de prieure, la fille du fondateur de l'église, AGNÈS DE LAVAL.

Le nombre des religieuses s'étant considérablement accru sous cette première supérieure, Guy, en 1047, leur donna, pour leur entretien et leur subsistance, les dîmes de Bonchamp et d'Avénières, ainsi que celles de Saint-Pierre-le-Potier. A tous ces présents il ajouta encore un droit dans la forêt de Concise, pour que cette communauté naissante pût faire bâtir un bourg auprès de la nouvelle église.

Béni par sa puissante protectrice, Avénières grandissait paisiblement à l'ombre de la sainte Chapelle ; la petite colonie de religieuses y vivait heureuse lorsqu'un fléau, plus horrible que la fa-

____

(2) Suivant une autre tradition, on se serait bientôt décidé à remplacer la chapelle peu considérable qu'on avait improvisée à la suite de l'évènement ci-dessus relaté, par l'église qui existe encore et a été agrandie à différentes époques, et dans l'enceinte de laquelle fut renfermé le tronc du chêne dont on vient de parler.

mine et la peste, vint fondre sur elle et la plonger dans le deuil et la désolation. Les Anglais y tombèrent comme des hyènes affamées. Tout fut pillé, saccagé, brûlé, et les servantes du Seigneur livrées aux brutalités les plus infâmes. Ce lieu ressemblait à une aire souillée de vautours. Cependant la chapelle de Notre-Dame d'Avénières ne tarda pas à renaître de ses cendres. Le pape Innocent III octroya, vers 1207, des indulgences plénières à ceux qui prieront dans l'église de Notre-Dame le *vendredi*, et, par la même bulle, consacra au *relèvement du Moustier* le revenu des religieuses. C'est de là qu'est venue cette coutume, qui se perpétue encore de nos jours, de visiter l'église d'Avénières le vendredi, ainsi que le pratiquent chaque semaine beaucoup de personnes de la ville et surtout des faubourgs de Laval.

Dans le XVe siècle, Avénières fut de nouveau pillé et saccagé par les Anglais. Guy XV, en vertu d'une bulle du souverain Pontife, y rappela, en 1488, les religieuses du Ronceray qui avaient été dispersées par les guerres. A partir de cette époque, Notre-Dame d'Avénières devint de plus en plus célèbre dans nos contrées. Des infirmes, des perclus y laissèrent leurs béquilles suspendues autour de son autel. Des paroisses entières s'y rendirent processionnellement pour implorer, par l'intercession de la Vierge sainte, la clémence du ciel.

Pendant cette lugubre époque de la révolution où l'impiété des anarchistes donna au monde le spectacle de tous les maux inondant notre belle France, comme on a vu en ce mois de juin 1856 nos grands fleuves sortir de leurs lits avec fureur, couvrir les campagnes en broyant arbres et rochers, en faisant disparaître du sol les habitations des hommes et en fouillant la terre jusqu'au-dessous des cercueils pour les ramener à la surface des eaux, pendant cette époque, disons-nous, l'église de Notre-Dame d'Avénières fut polluée et dépouillée de ses ornements, et sa porte close devant tous les chrétiens. En son enceinte pesait un lourd silence qui n'était interrompu que par le bruit des armes à feu des détachements de soldats immolant des compatriotes sous leurs coups.

Ce temps, si justement appelé *la Terreur*, eut son terme. Un dimanche matin, le 1er juin 1800, fête de la Pentecôte, deux prêtres de Jésus-Christ, M. l'abbé Leveau, ancien curé de la Gravelle, et M. l'abbé Pommier, ayant à la main un bénitier, reconcilièrent, à six heures, l'église de Notre-Dame d'Avénières qui était remplie de fidèles.

A dater de cette époque, sauf quelques jours de persécutions renouvelées du beau règne de *la Liberté*, de *l'Egalité* et de *la Fraternité*, l'église d'Avénières demeura ouverte pour nos religieuses populations. Des bourreaux de 93 s'y vinrent prosterner, à côté des enfants de leurs victimes, pour invoquer la reine de toutes les miséricordes, comme aussi des guerriers y accourent à leur tour accomplir des vœux faits devant la mort dans les flots des fleuves ou les steppes de la Russie. Le chemin d'Avénières fut bientôt la voie publique par laquelle les chrétiens allèrent répandre des larmes aux pieds de l'autel de Marie et y demander la réconciliation entre eux des fils d'Adam.

Un touchant spectacle réclame en ce moment notre attention.

C'était le 9 août 1816 ; une foule de peuple, contenue par des gardes, se presse, avant l'aurore, autour d'un tertre de sable artificiellement formé dans les landes de la Croix-Bataille. Des ouvriers l'entament avec des pioches. Quelques pelletées de terre sont à peine enlevées qu'une bruyante exclamation s'échappe soudainement du sein de la foule.

En effet, le corps de quatorze prêtres, suppliciés pour leur foi sur la place au blé de Laval le **21** janvier 1794, venaient d'être découverts. Ils étaient entassés les uns sur les autres, non consommés par la tombe, mais blanchis et desséchés. Plusieurs d'entre eux sont reconnus ; l'un d'eux est encore ceint d'un cilice, et un autre tient attaché à son bras un Christ en ivoire (Ce Christ est aujourd'hui en la possession de M. B. de Laval).

Que n'étaient-ils là, pour être témoins du triomphe de leurs victimes, ces juges-bourreaux, ces *équarrisseurs de chair humaine*, comme les appelle M. de Chateaubriant, qui les avaient condamnés, à la suite d'une orgie, au supplice du couteau ? Vieillards vénérables, au sacré caractère, ils avaient été immolés sous l'inspiration d'une sauvage barbarie, et ensuite traînés là dans deux tombereaux autour des bords desquels pendaient leurs jambes et leurs vêtements ensanglantés ; et, depuis **22** ans **6** mois **19** jours, la terre les conservait presque intacts pour les rendre à la vénération des chrétiens.

Malgré la vigilance et l'attitude des gardes, le peuple s'empara d'une portion de la dépouille des martyrs ; le reste fut recueilli à la hâte et pêle-mêle dans des draps, et transporté en plus grande hâte encore à Avénières. Nous les vîmes aborder sur la rive droite de la Mayenne, près la maison du gardien du bac. Les coins de chaque drap étaient tenus par quatre hommes. En passant devant nous,

un des porteurs montra à la multitude le bras en-
tier de l'un des martyrs ; il avait la couleur du
marbre de Carrare, et le pouce et l'index se réu-
nissaient à leurs extrémités comme par une réminis-
cence des jours où ils avaient présenté aux fidèles
le pain eucharistique.

Et ces fragments de corps humains, c'étaient les
dépouilles brisées de :

1o M. l'abbé René-Louis AMBROISE, prêtre habitué de la Ste-Trinité de Laval, né en cette paroisse
le 1er mars 1720, *infirme* (3) ; il monta le premier
sur l'échafaud.

2o M. l'abbé Louis GASTINEAU, prêtre-chapelain
du Port-Brillet, né à Loiron le 11 novembre 1727,
très-infirme.

3o M. l'abbé François MIGORET, curé de Rennes-
en-Grenouille, né à St-Fraimbault de Lassay le 28
août 1728, *paralytique.*

4o M. l'abbé Julien MOULÉ, curé de Sauges, né
au Mans, paroisse de la Couture, le 29 mars 1716,
très-infirme.

5o M. l'abbé Joseph PELLÉ, prêtre habitué de la
Ste Trinité de Laval, né en cette paroisse le 20 janvier 1720, *infirme.*

6o M. l'abbé Augustin-Emmanuel PHILIPPOT, curé de la Bazouge-des-alleux, né à Paris paroisse de
St-Nicolas-des-Champs, le 11 juin 1716.

7o M. l'abbé Pierre THOMAS, aumônier de l'hô-
tel-Dieu de Château-Gontier, né en la paroisse de
Mériel-Renfray (Manche), le 3 mars 1729.

8o M. l'abbé André DULION, curé de St-Fort,
canton de Château-Gontier, né à St-Laurent-des-
Mortiers le 19 juillet 1727, *paralytique.*

(3) Les mots soulignés ou guillemetés dans cette nomenclature
des 14 prêtres sont extraits des procès-verbaux rédigés par des mé-
decins de Laval chargés de faire un rapport sur l'état des prêtres
enfermés à Patience en attendant la déportation.

9º M. Jean-Marie GALOT, sous-chantre à la Ste-Trinité et chapelain des dames Bénédictines de Laval, né en la paroisse de la Ste-Trinité le 14 juillet 1747, ayant « une faiblesse dans les deux poignets « au point qu'il ne peut se servir de ses deux mains « qui paraissent paralysées ; il est sujet à de fré-« quentes coliques bilieuses. » (rapport du docteur F. Hubert.)

10º M. l'abbé Jean-Baptiste TRIQUERIE, religieux cordelier de la maison d'Olonne, département de la Vendée, né à Laval, paroisse de la Ste-Trinité, le 1er juillet 1737, *très-infirme* : «goutteux depuis longtemps, il a les pieds et les mains contrefaits par cette maladie. » (même rapport.)

11º M. l'abbé Jacques ANDRÉ, curé de Rouessé-Vassé, né à St-Pierre-la-Cour le 13 octobre 1743, « goutteux depuis longtemps, les articulations des « mains et des pieds contrefaits par l'humeur de la « goutte épaissie. Il assure qu'il est six mois sur le « grabat. » (même rapport.)

12º M. l'abbé Julien-François MORIN, prêtre habitué de St-Vénérand, né à St-Fraimbault-des-Prières le 14 décembre 1733, « porte un cautère « au bras droit, marche difficilement de la jambe « gauche qui est plus courte que la droite, se plaint « d'une douleur dans le genou droit et d'être sujet « à des oppressions. » (même rapport.)

13º M. l'abbé François DUCHESNE, chapelain de St-Michel de Laval, né paroisse St-Vénérand le 8 janvier 1736, « a un vieil ulcère sur la partie exté-« rieure et moyenne de la jambe gauche ; il porte un « cautère à la partie inférieure et interne de la cuis-« se du même côté ; il a le genre nerveux extrême-« ment irritable ; ne peut marcher sans bâton qu'a-« vec beaucoup de difficulté et sans éprouver des

« convulsions dans tout son corps, ce dont j'ai été
« témoin plusieurs fois; il est en outre attaqué
« d'une hernie inguinale du côté droit. — Ses in-
« firmités dureront autant que lui. » (même rapport.)

14° Enfin, M. l'abbé Jean TURPIN DU CORMIER,
curé de la Sainte-Trinité de Laval, né en cette paroisse le **8** septembre **1722**, *ayant de fréquentes
coliques de la goutte.*

Tels étaient les vieillards que l'impiété révolu-
tionnaire avait voulu immoler sur l'échafaud en
haine de la religion et de la paix publique.

Les ossements de ces martyrs furent déposés
dans la chapelle de Saint-Roch du cimetière d'A-
vénières, en attendant l'heure de les transporter
processionnellement dans l'église de Notre-Dame
d'Avénières dans le caveau qui leur était préparé
et où ils sont déposés aujourd'hui dans quatorze
cercueils.

Nous croyons devoir terminer notre petite notice
sur Notre-Dame d'Avénières par le récit d'un pèlerinage qui vient de s'y faire pendant le cours du
présent mois.

PÈLERINAGE

des Élèves du Collège de Château-Gontier

A NOTRE-DAME D'AVÉNIÈRES, PRÈS LAVAL.

L'église de Notre-Dame d'Avénières a été, jeudi 19 juin 1856, témoin d'une de ces fêtes de familles bien touchantes qui enivre de bonheur le cœur de toutes les mères surexcite leurs plus affectueuses sympathies, en même temps qu'elle attire les regards de complaisance du Très-Haut sur le point du globe où s'accomplissent de telles œuvres de piété filiale et d'amour de la part d'une génération entrant à peine encore dans la vie.

Avant l'heure fixée pour l'arrivée des élèves du collége de Château-Gontier, beaucoup de personnes de la ville se rendaient de tous côtés à Avénières. On tenait à jouir de la vue de ces jeunes enfants et à entendre leur musique renommée depuis fort long-temps. L'église était déjà pleine de fidèles et le chemin de l'Huisserie rempli de spectateurs que rien encore, ni le son des cloches, ni aucun roulement de voitures, n'annonçait leur approche. Ils venaient en toute hâte cependant, malgré le vent et une pluie battante.

Soudain un coup joyeux retentit dans la tour de l'église d'Avénières (il était onze heures moins le quart), et aussitôt chacune des cloches répète, à longue volée, aux échos des rives de la Mayenne, des vallées et des monts de l'Huisserie, le salut, semblable à une hymne aérienne, que donne l'antique chapelle d'Agnès de Laval à la pieuse et grácieuse jeunesse du collége de Château-Gontier.

Leur musique a fait silence à la porte du saint temple , et leur entrée est annoncée aux fidèles, qui remplissaient l'église dans toutes ses parties , par l'éclat des trompettes de l'orgue.

Beaucoup d'ecclésiastiques de la ville étaient venus, pour embellir cette fête, se réunir au clergé de Notre-Dame d'Avénières. M. l'abbé Wicart , grand-vicaire du diocèse de Laval, a célébré le saint sacrifice de la messe , pendant laquelle les professeurs et des élèves du collége de Château-Gontier ont chanté de fort beaux cantiques, œuvres musicales de M. Parisot, organiste du Grand-Saint-Jean de Château-Gontier. L'orgue expressif du chœur était tenu par cet artiste digne de la capitale.

La musique militaire des collégiens alternait avec le chant des cantiques. Tous ceux qui l'ont entendue ont unanimement reconnu et proclamé bien haut que cette musique de collégiens était parfaitement organisée. Ces jeunes élèves , au nombre desquels sont des enfants, ont joué leurs différents morceaux avec une précision et un ensemble, nous ne dirons pas rares , mais étonnànts. Cette musique fait honneur à son chef, M. Boulanger, dont le talent sur la clarinette est renommé dans la Sarthe, la Mayenne et l'Anjou.

La chapelle , au sein de laquelle s'était retirée la musique du collége de Château-Gontier pour saluer de ses accents la vierge immaculée, offrait en cet instant un spectacle aussi remarquable que touchant. A leur insçu , ces jeunes collégiens s'étaient placés sur la voûte d'un sépulcre sonore. Ils formaient une couronne de jeunesse et de fraîcheur autour de quatorze cercueils renfermant les dépouilles sanglantes de quatorze prêtres martyrs pour leur foi. Musique sainte et glorieuse en ce moment, qui était comme la réponse d'une tendre génération aux cris et aux blasphèmes d'une génération d'un autre temps et de mémoire hideuse.

Les quatorze martyrs ont dû, sous la pierre scellée de leur tombe commune, tressaillir au bruit de ces accents de la vie, précurseurs des accents tout puissants qui, un jour, les fera sortir triomphants du fond de leur muet sépulcre.

Le pélerinage des collégiens de Château-Gontier à Notre-Dame d'Avénières est la répétition de bien d'autres pélerinages qui ont eu lieu en cette église vénérée pendant bien des siècles. Les deux derniers, dont l'histoire de la Mayenne conservera avec celui-ci le souvenir, remontent l'un au 22 mai de l'année 1785 où la population de Saint-Vénérand, à la suite du clergé de cette paroisse, des religieux Dominicains et des chanoines du Cimetière-Dieu de Saint-Michel de Laval, groupés autour du *chef* de Saint-Vénérand, vinrent processionnellement assister à la célébration du saint sacrifice de la messe dans l'église d'Avénières pour obtenir la cessation d'une grande sécheresse ; l'autre, en l'année 1832, où la population entière de Laval, chantant le *Miserere* avec le clergé reuni des trois paroisses de la ville, se transporta en masse à Notre-Dame d'Avénières afin d'obtenir la cessation d'un fléau, du terible choléra.

Le motif du pèlerinage des jeunes gens du collége de Château-Gontier n'avait point sans doute pour cause un effroyable châtiment. Non, ils venaient rendre grâce à Màrie de tous les bienfaits dont le ciel s'est complu à couronner leurs jeunes années. Aussi est-ce avec attendrissement que l'assistance les a, avant de sortir de l'église, entendu chanter en chœur ce refrain d'un cantique composé pour cette cérémonie :

D'Avénières Vierge fidèle ,
O daigne nous tendre la main ;
Prends-nous sous ta douce tutelle ;
A tes pieds vois le pélerin.

Ah ! Notre-Dame d'Avénières exalte les sentiments des cœurs qui savent aimer , du prêtre et de l'homme du monde , du collégien et du guerrier. En cette année **1856** , elle a inspiré la verve d'un poète dans le silence de l'étude du collége de Château-Gontier , comme le **15** août **1855** , elle inspirait celle d'un héros au milieu du fracas de la mitraille , des boulets et des balles sous les murailles de fer de Sébastopol.

Après la cérémonie , M. le curé de Notre-Dame d'Avénières emmena à son presbytère , au milieu de la prairie duquel on avait dressé une tente , le personnel des professeurs et les élèves du collége de Château-Gontier. Là , en dépit du vent et de la pluie , tous les jeunes gens , — car la tente ne les pouvait contenir tous , — un morceau de pain et de rôti à la main , se divertissent gaîment , ceux-ci debout en sautant autour des tables formées de deux planches et de quatre pieux , ceux-là en escaladant les voitures ou en courant à travers la prairie.

A un signal donné ces joyeux collégiens s'empressent de venir prendre leurs rangs accoutumés , et se dirigent , musique en tête , avec M. Descars , leur bon et pieux principal , vers la ville épiscopale de Laval. L'hôtel de l'évêché était sur leur passage. Mgr Wicart les reçoit à bras ouverts , leur adresse un petit discours chaleureusement affectueux , et demande avec cette onction qui caractérise un successeur des apôtres de celui qui a dit : *Beati mites,* à les embrasser tous dans les personnes des premiers de chaque classe.

De là, la troupe heureuse d'un si gracieux accueil
de la part du premier pasteur du diocèse, se dirige
vers la cathédrale, où elle chante des cantiques à
la gloire de la divine mère du Sauveur; puis, par-
courant de nouvelles rues, se rend, accompagnée
d'une foule de personnes de la ville, à Notre-Dame
du faubourg, où elle chante encore les louanges de
Marie; puis ensuite devant l'hôtel de la Mairie de
Laval, où leur musique militaire a recueilli les
bravos encourageants de ceux qui l'ont entendue.
Malheureusement le mauvais temps a mis obstacle
au désir de ces jeunes gens qui se faisaient un bonheur d'aller exécuter l'ouverture d'*Haydée* en l'honneur de la réception de bien-venue que leur témoi-
gnait sur leur passage la population de notre cité.
De ce lieu, le collége de Château-Gontier se rendit
dans les magnifiques jardins de Bel-Air, puis à St-
Vénérand, et retourna de là, par la Haute-Ville, à
Notre-Dame d'Avénières.

Après une collation au presbytère et une séré-
nade donnée à M. le curé, les jeunes pèlerins retour-
nèrent à l'église pour chanter en chœur leur cantique à Notre-Dame d'Avénières. Il était six
heures et demie lorsqu'ils quittèrent, le sourire sur
les lèvres, les abords de la rivière de Saint-Nicolas
pour retourner dans leur paisible et douce solitude
du collége de Château-Gontier.

Charles Maignan.

Laval, imp. de J. Feillé-Grandpré.

www.ingramcontent.com/pod-product-compliance
Lightning Source LLC
Chambersburg PA
CBHW050814070726
47595CB00015B/3772